Angelika Massenkeil, Pammi Panesar

Window-Color
rund um die Küche

ENGLISCH VERLAG

Die Deutsche Bibliothek – CIP-Einheitsaufnahme
Window-Color – rund um die Küche/Angelika Massenkeil, Pammi Panesar. – Wiesbaden: Englisch, 2000
ISBN 3-8241-1029-6

ISBN 3-8241-1029-6

Fotos: Frank Schuppelius
Herstellung: Michael Feuerer
Printed in Spain

Inhaltsverzeichnis

Öl
Essig

Vorwort

In einer bunt gestalteten Küche macht sogar der Abwasch Spaß! „Renovieren" Sie Ihre Küche auf angenehme Art und Weise, und dekorieren Sie Fenster und Kacheln mit neuen Window-Color-Motiven.

Bereits das Schild „Küche", gemalt auf einem Küchenhandtuch und aufgehängt an einem Kochlöffel, lässt erahnen, was den Betrachter in dieser Küche noch erwartet. Dekorative Gewürzdosen lassen sich auf Kacheln arrangieren, Pfeffer- und Salzmühle sind ein hübscher Blickfang für eine Schrankseite, und Essig- und Ölflasche sowie Marmeladen- und Honiggläser wirken mit neuen Etiketten aus Window-Color richtig edel. Dieses sind nur einige Dekorationsvorschläge.

Trennen Sie einfach den Vorlagebogen aus diesem Buch heraus, und malen Sie los. Sie werden sehen, so viel Spaß hat es noch nie gemacht, eine Küche zu „renovieren".

Viel Freude am Gestalten mit Window-Color wünschen

Angelika Massenkeil und Pammi Panesar

Material und Werkzeug

Window-Color-Farben werden von den diversen Herstellern unter verschiedenen Produktbezeichnungen angeboten. Es handelt sich um eine wasserlösliche Acrylfarbe. In der Regel sind die Farben eines Herstellers untereinander mischbar. Farben von verschiedenen Herstellern sollten jedoch nicht miteinander vermischt werden. Für das Anfertigen der in diesem Buch vorgestellten Motive benötigen Sie Window-Color-Malfarben und Konturenfarbe.

Tipp: Die Farben werden direkt aus der Flasche aufgetragen, das heißt Sie benötigen keinen Pinsel. Achten Sie beim Kauf darauf, dass die Flaschen gut in der Hand liegen und aus weichem Kunststoffmaterial bestehen, damit Sie nicht so fest drücken müssen.

Da die Farbe unmittelbar auf **Folie** gemalt wird, ist es ganz wichtig, die richtige Folie zu verwenden, damit sich das getrocknete Bild später unbeschadet abziehen lässt. Folien mit einem PVC-Anteil sollten Sie nicht benutzen, denn von diesen Folien lassen sich die fertigen Bilder nicht unbeschadet abziehen. Gut geeignet sind hingegen Prospekthüllen. Im Handel sind jedoch auch Spezialfolien erhältlich. Bei ihnen muss ebenfalls auf die Ablösbarkeit geachtet werden, denn es gibt beispielsweise Folien für Mobiles, bei denen die Motive auf der Folie verbleiben.

Weiterhin benötigen Sie:
- Holzspieß oder Zahnstocher
- Wattestäbchen
- Küchenkrepp
- Stecknadel zum Zerstechen der Luftbläschen
- wasserfesten Filzstift in Schwarz
- evtl. Malspitzen für Window-Color-Flaschen
- Transparentpapier zum Abpausen
- Bleistift, spitze Schere

Grundanleitung

Vorbereitung
Pausen Sie das gewünschte Motiv des Vorlagebogens ab, indem Sie Transparentpapier darüber legen und die Linien mit Bleistift nachfahren. Nun können Sie Ihr Motiv in eine Prospekthülle schieben.

Malen der Kontur
Die Flaschenspitze der Konturenfarbe wird – je nach Herstellerangabe – entweder mit einer festen Nadel durchgestoßen oder abgeschnitten. Tragen Sie die Konturenfarbe direkt aus der Flasche auf, indem Sie die

Umrisslinien der Vorlage nachziehen. Soll die Kontur sehr fein ausfallen, sollte man eine Malspitze auf die Flasche setzen. Wir haben übrigens bei allen Motiven die Konturenfarbe ohne Malspitze direkt aufgetragen. Beim Auftragen der Kontur wird die Flasche senkrecht nach unten gehalten, und mit leichtem Druck werden die Linien langsam nachgezogen. Die Konsistenz der Konturenmittel ist unterschiedlich. Einige Mittel sind dickflüssig, andere dünnflüssig. Bevor wir mit einer Arbeit beginnen, ziehen wir immer ein paar Probelinien auf einer separaten Folie. Ist das Konturenmittel dickflüssig, drückt man stärker auf die Flasche und zieht die Konturenlinie sehr langsam.

Ist das Konturenmittel dünnflüssig, braucht man nur leicht auf die Flasche zu drücken und kann die Linie schneller nachziehen. Kleine Ausrutscher sollten sofort mit einem Wattestäbchen korrigiert werden.

Nach dem Trocknen kann die Kontur nicht mehr ausgebessert werden, da sie fest auf der Folie haftet. Lassen Sie die Konturen unter Beachtung der Herstellerangaben trocknen. Falls Sie nach dem Trocknen eine falsche Linie entdecken, können Sie die entsprechende Stelle leicht anheben und mit einer kleinen spitzen Schere herausschneiden. Dann schließen Sie die Konturlinie wieder durch einen neuen Auftrag mit Konturmittel.

Ausmalen der Flächen

Nachdem die Konturen getrocknet sind, werden die Flächen ausgemalt. Auch hierbei wird die Farbe direkt mit der Flasche aufgetragen. Die Farbe sollte nicht zu dünn aufgetragen werden und unmittelbar bis an die Kontur heranreichen. Überprüfen Sie, dass das Farbfeld tatsächlich ausgefüllt ist, sonst wiederholen Sie an der entsprechenden Stelle den Farbauftrag. Dies funktioniert allerdings nur, solange die Farbe noch nass ist, sonst werden angetrocknete Ränder sichtbar. Mit einem Holzspieß oder Zahnstocher schieben Sie die Farbe bis in die Ecken. Malen Sie auf diese Weise Farbfeld nach Farbfeld aus. Schattierungen innerhalb eines Farbfeldes erreicht man durch das Auftragen von 2 oder 3 Farben innerhalb eines Feldes. Mit einem Holzspieß oder Zahnstocher werden die Farben ineinander verzogen. Eventuelle Luftblasen stechen Sie sofort mit einer Nadel auf und tragen an dieser Stelle erneut Farbe auf. Bei filigranen Motiven werden die freien Zwischenräume mit transparenter Farbe ausgemalt, das verleiht dem Bild Stabilität.

Der letzte Schliff

Zarte Blattadern und sehr feine Linien tragen Sie nach dem Trocknen des Bildes mit einem wasserfesten schwarzen Filzstift auf.

Anbringen am Fenster

Mit dem Abziehen des fertigen Bildes von der Folie sollten Sie unbedingt so lange warten, bis das Bild vollständig getrocknet ist. In der Regel ist dies nach 24 Stunden der Fall. Achten Sie auf die Angaben des Farbherstellers. Ist der Farbauftrag sehr dick, sollten Sie einige Stunden länger warten. Reinigen Sie die Glasscheibe, auf der Sie das Window-Color-Bild anbringen wollen, gründlich mit Essigwasser, und trocknen Sie die Scheibe gut ab. Bringen Sie das Bild an. Gefällt es Ihnen an dieser Stelle nicht, können Sie es problemlos wieder abnehmen und an einer anderen Stelle anheften. Beim Fensterputzen brauchen Sie die Window-Color-Bilder nicht zu entfernen. Putzen Sie einfach mit einem feuchten Lappen ohne scharfe Putzmittel darüber. Nimmt man die Fensterbilder häufiger ab, verlieren Sie mit der Zeit ihre Elastizität und brechen. Auch bei sehr kalter Witterung sollten die Window-Color-Bilder nicht abgenommen werden, da sie durch die Kälte nicht elastisch sind und leicht brechen.

Aufbewahrung

Window-Color-Bilder sollten immer zwischen Prospekthüllen aufbewahrt werden, auch wenn Sie diese einwickeln und verschenken möchten. Ohne schützende Folie verkleben Window-Color-Bilder und sind beispielsweise von Papier nicht mehr zu trennen.

Einige hilfreiche Tipps

✦ Richten Sie Ihren Arbeitsplatz bequem ein, sodass das Licht möglichst von links kommt.

✦ Bewahren Sie die Farbflaschen auf dem Kopf stehend auf, und stellen Sie die Farben, wenn Sie sie während des Malens wechseln, immer auf den Kopf, um Lufteinschlüsse zu vermeiden. Im Hobbyfachhandel ist hierfür ein spezieller Aufbewahrungskasten aus Kunststoff erhältlich.

✦ Sollte eine Flaschenspitze verstopft sein, stoßen Sie diese mit einer langen Nadel wieder auf.

✦ Um schöne gleichmäßige Konturen zu erhalten, sollten Sie die Malspitze immer nur in eine Richtung führen. Sonst entstehen leicht Teilstücke mit Doppellinien, und die Kontur fällt an diesen Stellen dicker aus als in der übrigen Bordüre. Gleichmäßige Linien erzielt man auch dann, wenn man die Malflasche etwas anhebt.

✦ Beim Ausmalen der Flächen muss die Farbe unbedingt direkt bis an die Konturlinie geführt werden. Es ist besser, etwas auf der Konturlinie zu malen als eine Lücke zu lassen. Haben Sie auf der Konturlinie gemalt, fällt das am Fenster nicht auf, eine Lücke hingegen schon.

✦ Die Farbe sollte immer schön dick aufgetragen werden.

✦ Window-Color-Bilder sollten bei hohen und niedrigen Außentemperaturen nicht vom Fenster abgezogen werden. Bei hohen Temperaturen ziehen sie sich in die Länge, bei niedrigen brechen sie. Im Sommer wechselt man die Bilder am besten morgens aus, im Winter sollte man sie vor dem Abziehen mit einem Fön erwärmen.

Motive rund um die Küche

1. Küchenschild

Material
- Konturenfarbe in Schwarz
- Window-Color in Weiß, Rot, Dunkelblau, Gelborange und Kristallklar

Anleitung
Legen Sie die Vorlage unter Ihre Folie, und ziehen Sie die Konturlinien mit Konturenfarbe nach.

Ist die Kontur getrocknet, wird der Farbauftrag vorgenommen. Malen Sie zunächst die Schrift sowie den Kochlöffel dunkelblau aus. Erst wenn die Schrift trocken ist, wird das Küchenhandtuch ausgemalt. Zwischen Kochlöffel und Küchenhandtuch wird zur Stabilisierung des Bildes transparente Farbe aufgetragen. Ist das Bild vollständig durchgetrocknet, können Sie es von der Folie abziehen.

2. Gewürzdosen

Material

- ✦ Konturenfarbe in Schwarz
- ✦ Window-Color in Elfenbein, Weiß, Olivgrün, Grasgrün, Hellgrün, Braun und Kristallklar
- ✦ wasserfester Filzstift in Schwarz

Anleitung

Die Vorlagen werden unter die Folie geschoben. Anschließend zieht man die Konturen mit schwarzer Konturenfarbe nach. Sobald die Konturen getrocknet sind, kann mit dem Farbauftrag begonnen werden.

Die Blätter werden grün ausgemalt, die Dosenflächen elfenbeinfarben und die Schilder weiß. Nachdem diese Farben getrocknet sind, können Sie mit schwarzer Konturenfarbe die Beschriftung auf den Schildern – Minze, Estragon, Zimt, Schnittlauch, Oregano – vornehmen. Um die Dosengriffe wird zur Stabilisierung Kristallklar aufgetragen. Zum Schluss werden die feinen Blattadern mit wasserfestem Filzstift auf die trockenen grünen Blätter aufgezeichnet. Dann können Sie die Gewürzdosen von der Folie abziehen und an Ihr Fenster heften.

SCHNITT-
LAUCH
ESTRAGON

3. Zwiebel, Radieschen und Kräuter

Material
- Konturenfarbe in Schwarz
- Window-Color in Rot, Hellgrün, Grasgrün, Dunkelgrün, Gelborange, Grau und Kristallklar
- wasserfester Filzstift in Schwarz

Anleitung

Platzieren Sie die Vorlage unter Ihrer Folie, und ziehen Sie als Erstes die Konturlinien des Motivs mit Konturenfarbe nach. Sind die Konturlinien getrocknet, wird der Farbauftrag vorgenommen. Die Blätter malen Sie in verschiedenen Grüntönen aus, die Zwiebel in Gelborange, das Radieschen rot und die Wurzel des Radieschens in Grau. Die Zwischenräume füllen Sie mit Kristallklar aus. Nachdem die Farben getrocknet sind, können Sie die feinen Strukturlinien der Zwiebel und die Blattadern mit Filzstift aufzeichnen. Dann können Sie das Bild von der Folie abziehen.

4. Rote Zwiebeln

Material

- Konturenfarbe in Schwarz
- Window-Color in Gelb, Weiß, Hell- und Grasgrün, Pink und Kristallklar
- wasserfester Filzstift in Schwarz

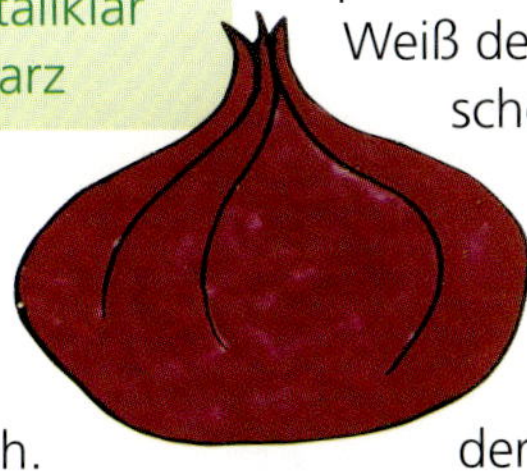

Anleitung

Schieben Sie die Vorlage unter Ihre Folie, und ziehen Sie die Konturen mit Konturenfarbe nach.
Ist die Konturenfarbe getrocknet, nehmen Sie den Farbauftrag vor. Füllen Sie die einzelnen Farbfelder mit den entsprechenden Farben aus, Sie können sich dafür an der Abbildung orientieren. Mit Hilfe eines Holzspießes verziehen Sie etwas Pink in dem Weiß der aufgeschnittenen Zwiebel. Zwischen den Farbfeldern tragen Sie zur Stabilisierung des Bildes Kristallklar auf. Mit wasserfestem Filzstift können Sie die Blattadern sowie die Strukturlinien der aufgeschnittenen Zwiebel zeichnen. Sind alle Farben gut durchgetrocknet, lässt sich das Bild von der Folie lösen.

5. Tomatenbäumchen

Material
- Konturenfarbe in Schwarz
- Window-Color in Hellgrün, Grasgrün, Dunkelgrün, Gelb, Rot, Terrakotta, Braun und Kristallklar
- wasserfester Filzstift in Schwarz

Anleitung
Die Vorlage wird unter die Folie gelegt, und dann zieht man die Konturen mit schwarzer Konturenfarbe nach. Ist die Konturenfarbe getrocknet, werden die einzelnen Farbfelder ausgefüllt. Orientieren Sie sich für die Farbgebung an der Abbildung. Um das Bild zu stabilisieren, tragen Sie zwischen Blattwerk, Tomaten, Stielen und Blüten transparente Farbe auf. Nach dem Trocknen der Farben können Sie mit Filzstift Blattadern und die Strukturlinien der Tomaten aufzeichnen. Anschließend ziehen Sie das Bild von der Folie ab.

6. Paprikapflanze

Material

- Konturenfarbe in Schwarz
- Window-Color in Weiß, Gelb, Rot, Hellgrün, Grasgrün, Dunkelgrün, Terrakotta, Braun und Kristallklar
- wasserfester Filzstift in Schwarz

Anleitung

Schieben Sie die Vorlage unter die Folie, und ziehen Sie die Konturlinien des Motivs mit Konturenfarbe nach. Nach dem Trocknen der Konturen malen Sie die einzelnen Farbflächen aus. Für die Farbgebung können Sie sich an der Abbildung orientieren. Zur Stabilisierung des Bildes tragen Sie zwischen Blattwerk, Paprika, Stiel und Blüten transparente Farbe auf. Zum Schluss zeichnen Sie die Blattadern mit Filzstift auf, nachdem die Window-Color-Farben gut durchgetrocknet sind. Dann können Sie das Bild von der Folie abziehen.

7. Essig und Öl

Material
- Konturenfarbe in Schwarz
- Window-Color in Violett, Dunkelgrün und Kristallklar
- wasserfester Filzstift in Schwarz

Anleitung

Die Vorlagen werden unter Ihrer Folie platziert, und dann ziehen Sie die Konturen mit Konturenfarbe nach. Sind die Konturlinien getrocknet, wird der Farbauftrag vorgenommen. Die Etiketten malen Sie mit Kristallklar aus. Die Beschriftung wird mit Konturenfarbe erst dann vorgenommen, wenn die transparente Farbe getrocknet ist. Malen Sie auch die Blätter sowie die Oliven aus. Zum Schluss tragen Sie zwischen den einzelnen Farbfeldern Kristallklar zur Stabilisierung auf. Lassen Sie die Farben gut trocknen, und malen Sie dann mit Filzstift die Blattadern des Ölzweiges. Danach können Sie die Etiketten von der Folie abziehen.

8. Knoblauchzopf

Material
- Konturenfarbe in Schwarz
- Window-Color in Weiß, Elfenbein, Pink, Lila und Kristallklar
- wasserfester Filzstift in Schwarz

Anleitung
Legen Sie die Vorlage unter die Folie, und ziehen Sie die Konturlinien mit Konturenfarbe nach. Sind die Konturen getrocknet, wird der Farbauftrag vorgenommen. Die Knoblauchknollen werden weiß ausgemalt, in die nasse Farbe werden kurze Striche mit Lila gesetzt. Die Kanten des Knoblauchzopfes versäubern Sie mit Kristallklar, damit sich ein gleichmäßiger Abschluss ergibt und sich das Bild später leichter von der Folie abziehen lässt. Sind alle Farben getrocknet, zeichnen Sie die Strukturlinien des Zopfes mit Filzstift auf. Anschließend können Sie das Bild von der Folie lösen.

9. Bunter Marktkorb

Material

- Konturenfarbe in Schwarz
- Window-Color in Weiß, Blau, Hautfarbe, Gelb, Braun, Rot, Pink, Schwarz, Hellgrün, Mittelgrün, Dunkelgrün und Kristallklar
- wasserfester Filzstift in Schwarz

Anleitung

Die Vorlage wird unter die Folie geschoben, anschließend ziehen Sie die Konturen des Motivs mit Konturenfarbe nach. Ist die Konturenfarbe getrocknet, füllen Sie die einzelnen Farbfelder mit Window-Color aus. Für die Farbgebung orientieren Sie sich am besten an der Abbildung. Bei den Karos für Korb und Küchenhandtuch sollten Sie nebeneinanderliegende Farbfelder zeitlich versetzt ausmalen, damit die Farben nicht ineinander verlaufen. Die Beschriftung der Weinflasche nehmen Sie mit Konturenfarbe vor, nachdem die Window-Color-Farbe getrocknet ist. Mit Kristallklar füllen Sie die Zwischenräume aus, um das Bild zu stabilisieren. Ist auch diese Farbe getrocknet, können Sie mit Filzstift die feinen Konturen von Zucchini und Blättern aufmalen und das Bild von der Folie abziehen.

Vin

10. Kuh

Material
- Konturenfarbe in Schwarz
- Window-Color in Weiß, Schwarz, Braun, Rosa, Rot, Gelborange und Kristallklar

Anleitung
Schieben Sie die Vorlage unter Ihre Folie. Anschließend ziehen Sie die Konturlinien des Motivs mit Konturenfarbe nach. Ist die Konturenfarbe trocken, wird der Farbauftrag vorgenommen. Malen Sie die Kuh erst dann weiß aus, wenn die schwarzen Kuhflecken angetrocknet sind. Nachdem Sie auch die übrigen Farbfelder ausgefüllt haben, umgeben Sie die Kuh mit Kristallklar, um das Bild zu stabilisieren und dafür zu sorgen, dass es sich nach dem vollständigen Austrocknen der Farben leichter von der Folie abziehen lässt.

11. Torte

Material
- ✦ Konturenfarbe in Schwarz
- ✦ Window-Color in Weiß, Hellgrün, Braun, Rot und Kristallklar

Anleitung

Die Vorlage wird unter die Folie gelegt, und dann zieht man die Konturen mit Konturenfarbe nach. Sind die Konturlinien getrocknet, erfolgt der Farbauftrag. Malen Sie zunächst die grünen, braunen und roten Farbfelder aus. Sind diese trocken, wird die weiße Farbe aufgetragen. Anschließend füllen Sie die Zwischenräume am Tortenrand mit Kristallklar aus. Sind die Farben vollständig getrocknet, können Sie das Bild von der Folie abziehen.

12. Etiketten für Marmelade

Material
- Konturenfarbe in Schwarz
- Window-Color in Grasgrün, Rot, Violett, Rosa, Gelborange, Olivgrün und Kristallklar

Anleitung
Platzieren Sie die Vorlagen unter Ihrer Folie, und ziehen Sie die Konturlinien der Etiketten mit Konturenfarbe nach. Sind diese Linien getrocknet, nehmen Sie den Farbauftrag vor. Die Etiketten werden mit Kristallklar ausgemalt. Die Beschriftung erfolgt erst, wenn die transparente Farbe trocken ist. Füllen Sie auch die übrigen Farbfelder aus. Auf den Blättern und Erdbeeren können Sie mit Filzstift Blattadern und Strukturen aufzeichnen, wenn die Window-Color-Farben insgesamt getrocknet sind. Anschließend lassen sich die Etiketten von der Folie abziehen.

13. Honig

Material

- Konturenfarbe in Schwarz
- Window-Color in Gelb, Gelborange, Weiß, Schwarz und Grasgrün
- wasserfester Filzstift in Schwarz

Anleitung

Die Vorlage wird unter die Folie gelegt, und dann ziehen Sie die Konturen mit Konturenfarbe nach. Ist die Kontur getrocknet, wird der Farbauftrag vorgenommen. Malen Sie die Flügel und die Blütenblätter erst dann weiß aus, wenn die übrigen Farben bereits angetrocknet sind. Ist auch die Farbe der Flügel getrocknet, zeichnen Sie mit wasserfestem Filzstift die Strukturen auf. Dann können Sie das Bild von der Folie abziehen.

14. Salz- und Pfeffermühle

Material
- Konturenfarbe in Schwarz
- Window-Color in Hell- und Dunkelbraun, Orange, Orangegelb und Kristallklar

Anleitung
Schieben Sie die Vorlagen unter Ihre Folie, und ziehen Sie die Konturlinien der beiden Mühlen mit Konturenfarbe nach. Ist diese Farbe getrocknet, wird der Farbauftrag vorgenommen. Die Mühlen werden hellbraun ausgemalt und erhalten orangefarbene Schattierungen. Mit Hilfe eines Holzspießes oder Zahnstochers können Sie die Farben leicht ineinander verziehen. Um den Griff der Pfeffermühle tragen Sie zur Stabilisierung des Bildes Kristallklar auf. Den Schriftzug der Salzmühle malen Sie mit Konturenfarbe, nachdem die Window-Color-Farben getrocknet sind. Anschließend können Sie die Bilder von der Folie lösen.

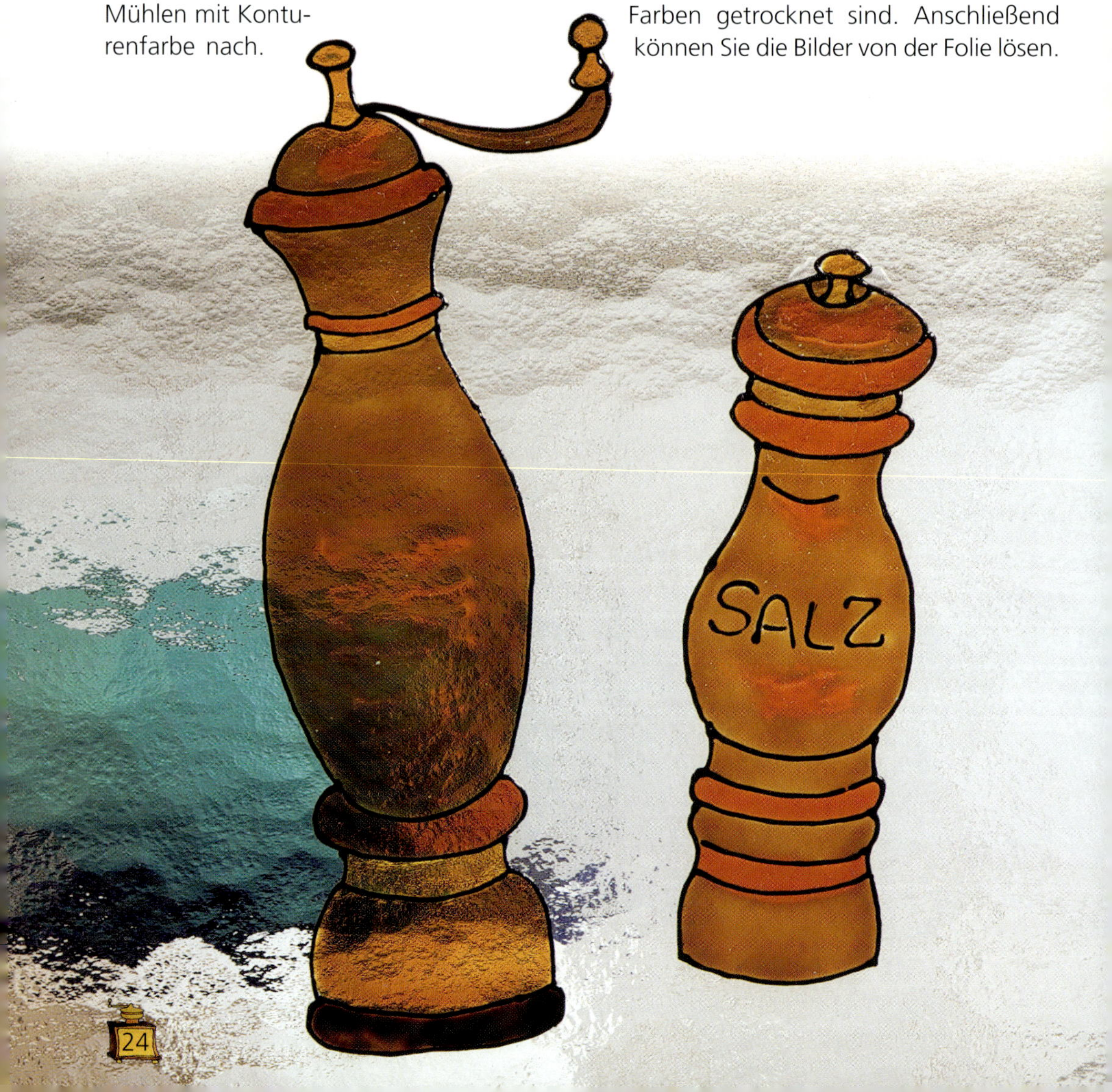

15. Kaffeemühle und Mörser

Material

- ✦ Konturenfarbe in Schwarz
- ✦ Window-Color in Hell- und Dunkelbraun, Orange, Gelborange und Kristallklar

Anleitung

Die Vorlagen werden unter der Folie platziert, dann ziehen Sie die Konturlinien mit Konturenfarbe nach. Sind diese Linien trocken, wird der Farbauftrag vorgenommen. Dafür orientieren Sie sich am besten an der Abbildung.

Entlang der Griffe tragen Sie Kristallklar auf, um die Bilder zu stabilisieren und später das Abziehen von der Folie zu erleichtern. Sind die Bilder vollkommen durchgetrocknet, lassen sie sich unbeschadet von der Folie lösen.

16. Obststillleben

Material
- Konturenfarbe in Schwarz
- Window-Color in Olivgrün, Hellgrün, Grasgrün, Gelb, Gelborange, Orange, Braun und Kristallklar
- wasserfester Filzstift in Schwarz

Anleitung
Schieben Sie die Vorlage unter die Folie, und ziehen Sie die Konturen mit Konturenfarbe nach. Anschließend sollte die Konturenfarbe trocknen, bevor Sie mit dem Ausfüllen der Farbfelder beginnen. Im unteren Teil der Ananas setzen Sie Olivgrün und Gelborange aneinander. Dies ist mit einem Holzspieß oder Zahnstocher ganz einfach. Tragen Sie zur Stabilisierung des Bildes zwischen den Farbfeldern und um die Blattspitzen Kristallklar auf. Zum Schluss zeichnen Sie mit Filzstift die Blattadern auf, nachdem die Window-Color-Farben trocken sind. Dann können Sie das Bild von der Folie abziehen.

17. Apfelblüte

Material

- Konturenfarbe in Schwarz
- Window-Color in Elfenbein, Weiß, Rosa, Hell- und Dunkelbraun, Hellgrün, Grasgrün und Kristallklar
- wasserfester Filzstift in Schwarz

Anleitung

Die Vorlage wird unter die Folie gelegt, und man zieht die Konturen des Motivs mit schwarzer Konturenfarbe nach. Ist die Kontur trocken, wird der Farbauftrag vorgenommen. Die Blätter werden grasgrün ausgemalt und die Äpfel hellgrün. Für die Blüte verziehen Sie mit Hilfe eines Holzspießes oder Zahnstochers etwas rosa Farbe in das Weiß. Mit Kristallklar füllen Sie Zwischenräume aus und begradigen die Abschlusskante um die Blätter. Sind alle Window-Color-Farben getrocknet, zeichnen Sie mit Filzstift die Blattadern auf. Dann können Sie das Bild von der Folie abziehen.

18. Beeren

Material
- ✦ Konturenfarbe in Schwarz
- ✦ Window-Color in Rot, Violett, Dunkelblau, Grasgrün, Olivgrün, Dunkelgrün, Hellbraun und Kristallklar
- ✦ wasserfester Filzstift in Schwarz

Anleitung
Platzieren Sie die Vorlage unter Ihrer Folie, und ziehen Sie anschließend die Konturlinien mit Konturenfarbe nach. Sind diese Linien trocken, können Sie die einzelnen Farbfelder ausmalen. Die Blätter werden in verschiedenen Grüntönen ausgemalt, die Beeren mit Rot, Violett und Blau.

Falls Ihre Konturlinien sehr dünn ausgefallen sind, sollten Sie zunächst die Blätter ausmalen, bevor Sie den Farbauftrag für die Beeren vornehmen. Tragen Sie entlang der Kante Kristallklar zur Stabilisierung des Bildes auf. Sind alle Farben trocken, zeichnen Sie die Strukturlinien und die Blattadern mit Filzstift auf. Anschließend können Sie das Bild von der Folie lösen.

19. Kompost

Material

- Konturenfarbe in Schwarz
- Window-Color in Elfenbein, Weiß, Rot, Braun, Violett, Gelb, Orange, Olivgrün, Grasgrün, Hellgrün und Kristallklar

Anleitung

Legen Sie die Vorlage unter Ihre Folie, und ziehen Sie die Konturlinien mit Konturenfarbe nach. Ist die Konturenfarbe getrocknet, füllen Sie die Farbfelder aus. Orientieren Sie sich für die Farbgebung an der Abbildung. Tragen Sie zum Schluss um jeden Buchstaben reichlich transparente Farbe auf. Die Buchstaben müssen nicht zusammenhängen, sie können einzeln gefertigt werden. Sind alle Farben gut durchgetrocknet, können Sie die Buchstaben von der Folie abziehen.

ENGLISCH VERLAG

kreativ

ISBN 3-8241-1009-1
Broschur, 32 S., Vorlageb.

ISBN 3-8241-1007-5
Broschur, 32 S., 2 Vorlageb.

ISBN 3-8241-0997-2
Broschur, 32 S., 2 Vorlageb.

ISBN 3-8241-1027-X
Broschur, 32 S., 2 Vorlageb.

ISBN 3-8241-1031-8
Broschur, 32 S., Vorlageb.

ISBN 3-8241-0973-5
Broschur, 32 S., 2 Vorlageb.

Lust auf Mehr?

Liebe Leserin, lieber Leser,
natürlich haben wir noch viele andere Bücher im Programm.
Gerne senden wir Ihnen unser Gesamtverzeichnis zu.
Auch auf Ihre Anregungen und Vorschläge sind wir gespannt.
Rufen Sie uns einfach an oder schreiben Sie uns.

Englisch Verlag GmbH
Postfach 2309 · 65013 Wiesbaden
Telefon 06 11/9 42 72-0 · Telefax 06 11/9 42 72 30
E-Mail info@englisch-verlag.de
Internet http://www.englisch-verlag.de